La Casa editrice **Lupi Editore** nasce nel 2015 da un' idea di Jacopo Lupi, ed ha come obiettivo quello di dare voce e visibilità ai giovani autori emergenti, ma non solo. L'obiettivo è quello di dare alla luce libri belli, indimenticabili per i lettori.

Seguici su Facebook   **E su Instagram**

Hai un libro nel cassetto? Non fargli prendere polvere!

Contattaci e inviaci il tuo capolavoro, lo valorizzeremo al meglio!

Mail

lupijacopo@gmail.com

Whatsapp

3452294411

Titolo Originale dell'opera: RITAGLI DI TEMPO

Autore: NICOLA CAPOBIANCO

Collana: POESIA

Allestimento Interno: LUPIEDITORE

Copertina: LUPIEDITORE

Un libro è in grado di cambiare il mondo in poche pagine, perché è in grado di cambiare le persone in poche pagine.

Leggi, impara, cresci e migliora la tua vita e il tuo mondo con un libro.

Ma **i libri hanno anche bisogno dei lettori**, senza di loro il libro non esiste.

Aiuta i libri a cambiare il mondo, aiuta chi li scrive a far arrivare la sua voce, aiuta chi li pubblica a far si che questa magia continui.

Se il libro che hai tra le mani ti piacerà regalaci una recensione a 5 stelle, a te costa poco ma per chi scrive e pubblica un libro vuol dire molto. Consiglialo ai tuoi amici, regalalo e fallo conoscere, **donerai alle persone le parole che in quel momento vogliono sentire.**

Se il libro non ti dovesse piacere, non lasciare recensioni negative ma scrivi all'editore cosa non ti è piaciuto e perché, ci aiuterai a migliorare, per cercare di darti sempre il meglio, e inoltre aiuterai l'autore a crescere.

<u>Il mondo cambia grazie a piccoli gesti.</u>

<u>Diventa parte fondamentale insieme a noi di questo grande cambiamento!</u>

Jacopo Lupi Editore

RITAGLI DI TEMPO

Nicola Capobianco

Ritagli di tempo è una raccolta di poesie, che nasce dal passare dei giorni, delle ore, dei minuti. Ogni avvenimento, emozione, dolore, gioia, sono appositamente ritagliati e incollati su queste pagine. Rimanere per sempre, rendere il tempo immortale, fisso, grazie al suono delle parole e dei versi; questo è l'obiettivo di questa opera. Suscitare emozioni universali; che i ritagli di tempo degli altri possano rispecchiarsi nei miei. Chiunque sa ritagliare il proprio tempo, spezzettarlo e cucirlo nuovamente, sa quanto pesa, sa quanto fa male. Ma, sa anche, che è da questi ritagli che riusciremo a creare la forma di noi stessi, una volta per tutte.

Biografia autore

Sono Nicola Capobianco, un ragazzo nato il 17 agosto 2000 a Benevento e che vive in un piccolo borgo irpino chiamato Villamaina.
Nella vita, dopo il conseguimento del diploma con indirizzo "Scienze Applicate" nell'istituto F. De Sanctis, ho continuato gli studi iscrivendomi alla facoltà di lettere moderne alla Federico II di Napoli.
Nel 2022 sono riuscito a pubblicare il mio primo libro 'poesia in vita' con la casa editrice booksprint edizioni.

Il ricordo dei giorni andati ci mostra
Come scorre veloce il tempo.
Non hai spazio per goderti il momento,
Che poi ti resta solo il ricordo.
E ho paura che tu possa diventar tale.
Ho paura di ricordarti,
Come una cosa già andata,
Tra un sorriso di malinconia
E un ghigno di agonia.
Vorrei restassi immobile nel tempo,
Che restassi l'unica cosa sicura,
Come la morte.
Voglio ricordarmi di noi, però
Al tuo fianco,
Non nella lacrima sul mio viso bianco.
Vorrei renderti forte,
Da ogni dolore
Che ti decrepita il cuore.
Prenditi anche tutta la mia vita,
Tra le tue mani.
Tienila stretta
E rendimela dolce, leggera.
Dammi tutte le risposte,
Anche alle domande più nascoste.

Odo sentir nel silenzio
Il rumore dei tuoi respiri
Calmare il mare in tempesta,
Acquietare le lacrime di Eos
Da cui nacque la rugiada,
Che dipinge la natura
Alle prime luci del giorno.
Anche Afrodite al tuo passar,
O povera dea, ritirarsi vorrebbe
Alla sua schiuma natia.
Risplendi nello specchio del mare
Così limpida e così pura,
Che anche l'acqua si spaura
Di così tanta bellezza.
Provo a disegnarti in versi,
Impresa ardua e dura
Anche per la miglior mano.
Vorrei carezzarti il viso,
Arrivare alla sorgente del tuo cuore,
Bere dalla tua fonte e dissetarmi.
Dissetarmi e risanarmi,
Risanarmi e perdonarmi,
Perdonarmi e abbracciarmi.
Abbracciarti.
Mi renderò all'altezza di te.
Lotterò al tuo fianco
Come fido guerriero.
Ti guarderò le spalle,
A cavallo del mio destriero.
Combatterò, cadrò.
Ti renderò immortale nelle mie parole,
Con la forza dei versi,
Canterò di te fino alle ultime forze.
Ti darò tutto il meglio di me,
Perché il peggio già l'ho dato.

Correndo sul lungomare
Vedo maree di persone sfrecciarmi,
Affianco.
Mi passano tanti odori.
Quello delle donne pronte ad amare.
Quello dei bambini,
Sempre pronti a giocare.
Quello degli anziani,
Sempre pronti a parlare.
Poi ci sono io che ti immagino
Nello specchio d'acqua,
Nero.
Ti immagino tra il viso dei passanti,
Spero.
Di averti davanti.
Continuo a correre.
Forse arriveremo lontani.
Anche se distanti,
Arriveremo ai nostri piani.
Oggi l'acqua mi sa di sale.
Forse domani,
Non farà più tanto male.

Come diventa cupo il tempo
Quando sei fermo ad aspettarlo.
Quando te lo lasci andar via,
Senza nemmeno provare a combattere.

Fermo nell'attesa di tuoi sogni,
Forse irrealizzabili,
Forse intoccabili,
Forse non per tutti tollerabili.

Ti senti un'utopista nelle tue idee.
Forse il problema non è il tuo,
Forse il problema non sei tu.
Forse non sei adatto,
Per rispecchiarti in questo mondo.

Sì Nicola, devi accettarlo.
Non devi più piangere e
Non devi abbatterti.
Non puoi arrenderti senza aver dato,
Se vuoi il mondo che hai sempre sognato

Vorrei darti il nome di mio padre.
Aspettare la tua nascita, quell'istante,
Con quell'ansia lacerante,
E vederti tra le braccia di tua madre.

Vorrei coccolarti, crescerti.
Sempre presente, sempre al tuo fianco.
Vorrei insegnarti a non perderti,
A caricarti quando sarai stanco.

Combatti sempre per un ideale,
Come io sto facendo ora con i miei.
Impara a rispettare, sii sempre leale,
E vedrai che ti ameranno per ciò che sei.

Giuro, un giorno leggerai queste parole.
Nel tempo le terrò custodite.
Non le sbiadiranno neanche il sole
Resteranno per sempre colorite.

Invadono la camera le luci del mattino.
Gli occhi socchiusi sbocciano,
Ma c'è solo una mascherina sul comodino.
Vorrei vedere gente che si abbracciano.

Io, solo, come quella mascherina,
Mi abbraccio nella solitudine mia,
Mi aggrappo alla mia rovina,
Da solo è più tortuosa la via.

Che paura quando sono solo.
Il mio conoscermi è immenso,
So le mie parti, so il mio ruolo.

Abiettamente il come migliorarmi penso.
Muovendo le ali, tendo al volo.
Mi volto a guardati, andiam nell'immenso?

Quei pensieri che accarezzano il cuore,
Il ricordo di momenti vissuti,
Il ricordo dei passi, il tuo rumore.
L'angoscia per la fine dei nostri minuti.

Ora spazio all'angoscia dei saluti.
Lasciarci andare per ore,
Per giorni, settimane, restiamo muti,
Sopraffatti dal torpore.

Chi mi darà il calore delle tue mani?
Che si attorcigliano alla mia pelle
E che rendono i miei tormenti sani, umani?

Non ho cura per la vita mia imbelle,
Senza te i proposti son vani.
Voglio tornar a riveder le stelle.

Guardo il mondo da una finestra,
Chiuso in un immenso nulla.
Mi sento, come di Leopardi, la ginestra,
Con tutta la natura che l'essere annulla.

Sola, in una terra arida, vulcanica.
Niente intorno. Tu ginestra, risplendi
Il Vesuvio con macchie di sole,
Di vita. Di una speranza lontana.

Segno di forza, di coraggio,
Vorrei saperti imitare del tutto.
Non solo l'essere fiore del deserto
Non solo il tuo essere sola.

Dammi il tuo coraggio, la tua tenacia,
Per imparare a sconfiggermi.
Forse sono il mio peggior nemico,
Forse io sono la terra vulcanica.

Si ferma il treno, arriva a destinazione.
Vedo negli occhi una cupa disperazione,
Una vaga paura della sorte.
Una vaga certezza di morte.

Gli occhi dei bambini si spengono,
Piangono. Dalle madri li dividono.
La vita si nasconde per non guardare,
Vola nel vento per tentare di scappare.

Ora bisogna farsi forza, essere delle rocce,
Ma ho visto gente non tornare dalle docce.
Ho visto in lontananza donne calve.
Non è un gioco, qui non si spara a salve.

La vita purtroppo non torna, è laggiù.
È arrivata lontana, nemmeno si volta più.
Ci ha abbandonati nella violenza,
Nel buio silenzio dell'indifferenza.

Ho preferito giocare nei miei labirinti,
Senza alcun filo
Che possa ricondurmi all'uscita.
Sono perso dentro me stesso.

Sono perso nei vuoti che mi creo,
Negli spazi che lascio.
In illusioni disilluse,
Su ponti pronti a crollare.

Sono perso,
Senza nemmeno essermi mai trovato.
Sono caduto,
Senza nemmeno aver mai camminato.

Sono perso,
Nel ritmo del mio cuore.
Cerco di capirmi quando rintocca,
Mi perdo quando nella pausa s'abbandona

Potrei pure provarci ad aggrapparmi
A piccoli momenti svanevoli,
A finti sorrisi piacevoli,
Al finto proposito di sollevarmi.

I propositi sarebbero pure notevoli.
Ma resta la paura di essere come bandiere
In balia del vento delle bufere.
Le luci intorno diventano fievoli.

Son caduto nel buio assordante.
Il filo non ha retto,
Son caduto di getto.
Senza poter ragionare un'istante.

Ma non mi arrendo, voglio risalir su.
Vedo ancora una luce,
Che nel percorso mi conduce.
Eri tu.

Ho indossato milioni di maschere:
Quella del cattivo ragazzo,
Quella del dispiaciuto,
Quella del buono,
Quella scolastica,
Quella di persona sincera,
Quella di bugiardo.
Quella di chi è interessato.
Quella adatta al sistema sociale,
Quella anticonformista,
Quella da fascista
Quella da comunista.
Ho indossato maschere per ogni situazione.
Ma non ho mai indossato la vera:
La mia.
L'ho indossata solo con te.

E piove,
Su vetri andati in frantumi,
Su foglie accartocciate.
Piove, nei secchi fiumi,
Nelle maree agitate.

E piove,
In villaggi abbandonati,
In città ammassate.
Piove, su noi uomini ingannati.
Sulle cose ormai dimenticate.

E piove,
Sul tutto il genere umano,
Su tutte le cose viventi.
Piove, su un proposito invano,
Su tutti gli avvenimenti.

E piove,
Sui nostri visi impauriti
Sulla nostra pelle infreddolita.
Piove, sui nostri vestiti
Sulla nostra vita.

Tutto è perso nel tempo passato.
Quando tutto era così leggero,
Quando anche le montagne
Si facevano piccole
E anche i macigni meno pesanti.
Quando il vento non mi tagliava il viso
E i secondi non pesavano come giorni.
Ora il tempo è cambiato,
C'è un abisso a dividermi.
Nuovi pensieri affiorano la mente,
Nulla mi è più indifferente.
Ho occhi nuovi per tutto.
Tutto mi pesa.
Nulla mi alleggerisce.
Un tempo bastava poco,
Ora quel poco è impossibile.
È perso nell' allungarsi degli anni,
Degli eventi,
Dei momenti.
Ora mi sento solo su questo mondo,
Come un uomo che naviga in un mare,
In tempesta.
Ora vorrei solo sorridere con me stesso,
Accettarmi,
Rendermi orgoglioso.
Voglio restare.
Indelebile,
Nello scorrere continuo del tempo.

Eppure è così lontano novembre,
Ma hai deciso di arrivare prima:
Di insediarti nelle lacrime di un viso,
Nel tempo che scorre lento.
I secondi tramutati in ore
Le ore in giorni.
Come sei crudele e indifferente
Verso le tue creature.
Arrivi senza nemmeno avvisare,
Non bussi nemmeno alla porta
E fai come se fossi a casa tua.
Non resta che un ricordo,
Un ricordo di un sorriso svanito,
In un tempo ormai perduto.
Ma tu continui il tuo dovere,
Continui il tuo lavoro.
Forse non possiamo nemmeno prendercela.
Tu non ne sei nemmeno consapevole
Di ciò che fai quando passi.
Se solo lo sapessi ti fermeresti un attimo,
Anche solo a chiedere perdono.
Purtroppo la vita si è innamorata di te,
Non può più lasciarti andar via.
E ti lascia il gioco sporco,
Il gioco crudele per noi uomini.
Un gioco dove non si può vincere,
Un gioco fatto solo di attesa,
Un gioco che porta alla resa.
Avrei solo una domanda da farti:
Ma poi, di noi, cosa te ne fai?

Il un mare disteso nel cielo
Nuotano i miei sorrisi.
Ormai stanchi.
Trainati da una zattera,
Pronta alla rovina.

Isole di nuvole bianche
Come una tela senza colore,
Dove vorrei disegnare
Ricordi felici.
Ormai troppo aride
Per abitarci.

A cosa serviamo?
Perché la felicità non dura?
Chi siamo?
Perché non c'è cura?

Domande che scorrono
In una lacrima salata e amara,
Come mare,
Su un viso ancora giovane,
Affranto già dal tempo,
Scavato già dal tormento.

Come sono grigi le nuvole,
Sembrano capelli di un'anziana signora
Che oramai hanno dato il loro tempo.
Forse anche loro sono pronte,
Pronte per piangere.
Trattengono le lacrime,
Forse è meglio domani.
Cercano un raggio di sole,
Una piccola speranza di luce,
Una primavera.
Ma oggi l'aria è fredda,
La primavera è lontana.
La luce si è nascosta a dovere,
Non lascia spazio a illusioni.
Resta solo un grigiore,
Che è specchio dell'anima.
E non resta che un urlo di vento.

Perché la pioggia mi da
La suggestione,
Il presentimento,
La speranza,
Di essere ancora a galla
All'infrangersi delle gocce
Che pur mi bagnano,
Ma che non mi affondano.
Respiro ancora.

Fermatevi un attimo.
Immaginate:
Un tuono nella notte
Che desta i sogni.
Immaginatevi la paura,
Di tornare a dormire.
Immaginate il terrore,
Di essere ancora vivi,
Senza sapere per quanto ancora.
Immaginatevi i bambini,
Così stupiti, alla vista
Di bagliori di fuoco.
Immaginatevi le mani tremanti
Che devono afferrare
Una speranza.
Immaginatevi le lacrime,
In cui si rispecchia la distruzione.

La storia passata non ha insegnato,
L'uomo cade sempre nello stesso peccato.
Oggi ha tremato la terra,
Oggi è tornata la guerra.

Un boato:
L'umanità urla,
È colpita.
Un boato,
Vite finite.
Sogni infranti nel vento.
Parole strozzate,
Dimenticate.
Un boato,
Un singolo boato.
E tutto è finito.
Resta un ultimo urlo
Di un bambino,
Che tenta di ribellarsi alla morte.
Poi tutto torna calmo,
Anche il vento si ferma.
Un altro boato…

Chissà se la luna
Ha lo stesso bagliore
Sugli uomini a Kiev,
O se tende di nascondersi
Tra le nuvole.
O se cerca di disperdersi
Tra le stelle,
Che sono occhi,
Affranti,
Di pianto.
Chissà se la luna a Kiev
È più pesante da guardare,
O se resta quel disco magico,
In cui perdersi e alleggerirsi
L'animo
Circondato da bombe,
Circondato da mine,
Che abbattono
Il muro dell'umanità.

Prendi tutte le mie paure
Raccoglile tra le tue mani
Dammi tutte le cure
E riempimi i momenti vani

Sii metallo per le mie armature
Metronomo dei miei battiti piani,
Forza per i miei titani,
Calore per le mie freddure.

Mi hai dato i migliori sorrisi,
Spontanei, sinceri.
Sulla mia faccia i ricordi incisi

Di momenti incastonati
Tra i nostri occhi,
Schermi di vita.

Ho assorbito tutti i nostri momenti.
Li ho tenuti sotto chiave,
In custodia.
Contro l'infamia,
Contro la crudeltà,
Contro ogni minaccia.
E li ricaccio
Quando ho bisogno di un po'
Di colore,
Per tornare a sorridere.
Quando tutto fa paura,
Quando la mancanza ti atterra
Quando l'aria si fa fredda, gelida.
Li lascio disperdere nel cuore
Per dargli di nuovo calore.
Li lascio disperdere tra le mie lacrime
Che diventano scintillanti,
Come scintillano
I nostri occhi,
Che sono lidi,
Paradisiaci.

Ho una discussione aperta,
Che mi lacera.
Mentre guardo la finestra
Sento che mi macera.

La sua dialettica è così persuasiva,
I sui propositi così genuini,
Lei così allusiva,
Con i suoi progetti così divini.

Ma io resto diffidente.
Ho paura che sia una farsa,
Che mi dia un colpo dolente,
Che mi renda, sulla scena, una comparsa.

Cerco di comprenderla,
Ma forse sarà già finita.
Imparerò mai a godermela?
Questo è il mio dialogo con la vita.

Sono al suolo il più delle volte,
Quando vorrei volare.
Voi con arie disinvolte,
Non ho voglia di parlare,

Di sprecare fiato.
Nulla mia crea più piacere
Nemmeno più il peccato,
Nemmeno più l'avere.

Confinato nella mia immagine,
Che nemmeno più riflette.
Confinato nella mia indagine,
Che nulla più mi promette.

Ho paura di cadere,
Senza nemmeno aver imparato a volare.
Ho paura di cedere,
Senza nemmeno aver imparato ad afferrare.

Vorrei essere ogni tuo mattino.
Il lenzuolo che ti scalda.
Vorrei essere il tuo cuscino,
La tua tazza di caffè calda.
Vorrei essere il sole che ti abbronza,
Il mare che ti bagna.
Vorrei essere la felicità della tua sbronza,
Il fiore della tua campagna.
Vorrei essere il tuo essere,
Ogni tuo malessere e benessere,
Essere la forchetta che porti alla bocca,
Il vento che ti tocca.
Vorrei essere la pioggia che ti cade addosso
Oppure la scarpa che indossi.
Vorrei essere il film che ti ha commosso,
I tuoi vestiti rossi.
Vorrei essere aria che respiri,
La strada mentre cammini.
Essere i tuoi sospiri,
Le cose che cucini.
Vorrei essere parte integrante,
Esserci in modo costante.
Vorrei essere la tua quotidianità,
La tua realtà.
Essere l'orologio che scandisce il tuo tempo,
L'ombrello che ti compre dal maltempo.
Vorrei essere chi ti vede tutti i giorni,
Vivere nei tuoi dintorni.
Vorrei poterti avere ogni singola notte
Senza te fa più freddo stanotte.

Mi piace perdermi nel tuo corpo
E poi trovarmi nella tua mente.
Toccarti,
Come vorrei toccare la vita.
In un modo così soave
E così profondo
Da unirmi anche al più sottile
Dei respiri,
E renderlo battito
Nel mio cuore,
Che rintocca,
Nei tuoi occhi,
Nei tuoi sospiri.

Oggi mi sento inadatto.
Perso in un vuoto,
Impossibile da colmare,
Perso in burrasche
Impossibili da calmare.
Sono un granello di polvere,
Che vola nell'aria.
Senza mai posarsi.
Sono la paura che incombe,
Quando tutto è buio.
Sono il tuono nel cielo,
Quando sta per diluviare.
Sono la morte,
Che non lascia niente.
Sono un fiore appassito,
Senza colore, senza vita.
Sono l'attore di me stesso,
Recitato male.

E ti chiedo scusa
Se non ho mai compreso
Le tue paure, le tue insicurezze,
Se non ho mai visto oltre
Quella corazza
Che hai sempre indossato.
Hai nascosto sempre i tuoi pianti,
Per donarci i più belli dei sorrisi.
Forse non ho compreso, che a volte,
Chi aveva bisogno di un conforto,
Eri tu
E non io.
Hai messo sempre tutto da parte,
Ti sei sempre sacrificato
E hai mostrato sempre un sorriso,
Così radiante,
Da oscurare il sole,
Anche quando avevi la pioggia,
Che dentro,
Ti inondava.
Ora che comprendo, crescendo,
E tu piangendo,
Sono qui che ti difendo.

E non aver paura del tempo,
Che non ritorna.
Scivola.
Via verso il nulla, verso la noia.
Vivi ogni istante
Come se non ci fosse domani.
Agguanta un sorriso
E tienilo stretto,
Che è ciò che conta.
Sii sempre te stessa
Con coraggio e sacrificio.
Aggrappati a cose vere, sincere,
Come un bacio rubato sulla guancia,
O un abbraccio d'istino
Oppure a chi, come me,
Può morire per te.
Aggrappati
Ad emozioni umili.
Che un giorno,
Alla fine del tempo,
Guarderai indietro
E sorriderai.

Ho regalato tempo e amore
A chi non dovevo.
Ho regalato rose, speranze
Sorrisi, gioie.
Ho svuotato il mio essere
Come si svuota un cestino.
Ho perso gli anni più belli
Correndo verso chi,
Scappava da me.
Non ritorneranno mai più
Quegli anni.
Li ho persi.
E non li ritroverò mai,
Pesano come un macigno.
Ma sono cresciuto,
Più del dovuto.
Avrei dovuto pensare ad altro,
Ma sono contento almeno
Di aver ritrovato me stesso.
Perché non è mai troppo tardi,
Per tornare ad amarsi.

Cosa ti gratifica?
Per cosa vuoi lottare?
Felicità cosa significa?
Cosa posso riuscire a dare?

Bisogna scegliere chi essere,
Senza badare agli altri.
Io il mio benessere
Lo vorrei mettere a disposizione degli altri.

Non ho bisogno di gioielli, ricchezze.
Non ho bisogno di auto o case lussuose.
Non sono diamanti per me quelli,
Ma sorridere per delle piccolezze.

Un sorriso spontaneo, semplice, sicuro,
Che ti pervade nella quotidianità.
Trovare uno spazio di luce in questo scuro,
Questa è la mia felicità.

Canto di Natale

Le vedo tutte le vostre anime,
Purificate tra luci e cenoni.
Io vedo la mia anima a terra, esamine
Come mai a Natale sono tutti più buoni?

Schernite i vostri istinti.
Intrecciate le mani a mo' di preghiera
Perché siete degli esseri vinti.
Quale delle vostre maschere è vera?

Io non ho bisogno di fingere
Per purificarmi.
Al conflitto con me stesso voglio attingere,
Perché solo così posso beatificarmi.

Non ho bisogno del Natale,
Per dare alle persone la mia bontà.
Datemi dell'anticlericale,
La mia è pura sincerità.

Il Natale per la maggior parte
È mettersi in mostra,
Poi la bestemmia è la loro arte.
Ma attento, non si dimostra.

Ormai non abbiamo più radici.
Abbiamo perso il senso di amarci
E sappiamo farci solo cicatrici.
Non abbiamo più il coraggio di rispettarci.

A ogni Natale in più
Ci discostiamo dai valori.
Io vorrei essere lassù
E riportarvi agli albori.

Vorrei un mondo vero, reale.
Un mondo genuino, rispettoso.
Che non si purifica solo a Natale,

Vorrei un constante mondo generoso.

Voglio sorridere agli specchi,
Gioire ogni istante.
Voglio un mondo che mi rispecchi.
Ma tutto questo mi è distante.

Vorrei scusarmi per le mie debolezze,
Per i miei malumori.
Vorrei scusarmi se non sono il massimo,
Se a volte sto zitto senza parole,
Se a volte mi chiudo in magazzini tutti miei.
Mi scuso se a volte mi estraneo da tutto.
Mi scuso se forse non ti dimostro
Quanto meriti.
Per qualsiasi mio sbaglio io chiedo
Scusa.
Forse meriti di meglio.
Ti sto dando il massimo
Delle possibilità che ho,
Ma non mi basta,
Vorrei regalarti il mondo
E non mi sento capace.
Vorrei darti i migliori sorrisi,
Quelli che a volte mi mancano.
Sono disposto a cercarli in qualsiasi angolo.
Vorrei portarti a vivere
In una casa nostra,
Con una famiglia nostra.
Voglio regalare amore,
E questo lo voglio fare solo con te.
Sei l'unica.
L'unica che realmente desidero per sempre,
L'unica che non mi da' noia,
L'unica con cui voglio sorridere,
Vivere.
Mi hai dato tutto,
Quando io non avevo niente,
Nemmeno più le lacrime per piangere.
Avrei milioni di progetti, ma sempre con te,
Perché il mio tempo senza di te
È un tempo buio, un tempo cupo, nero.
Vorrei coccolarti,
Tutte le mattine che mi rimangono
Da qui alla mia fine.
Solo in te vedo vita, colori, sorrisi.
Ti chiedo ancora scusa,

Per ogni mio sbaglio fatto.
Ti chiedo scusa per ogni mio difetto.
Migliorerò, promesso.
Ma ti prego resta.
Senza di te è morte.
Ti vorrei con me ogni notte.
Abbracciarti e tenerti nel calore
Delle mie braccia.
Ti curerò da tutto,
Da qualsiasi cosa possa succedere.
Morirò per te.
Ti amo

Come il sole dietro le montagne
Il mio sguardo si nasconde,
Cercando riparo,
Sicurezze.
Lo distolgo da tutti.
Anche da me stesso,
Per non guardare in faccia
Alla realtà
Che invece non gioca a nascondersi.
Ed è così crudele, così cruda.
Non lascia spazio ad illusioni,
La realtà.
La realtà arriva di forza, prorompente
Come la luna dopo il sole
Calante,
Dopo che nemmeno le montagne
Gli hanno dato riparo.
E sopraggiunge la malinconia
Guardando la luna,
Che ha scacciato via il sole.

Quando fa notte, quando piove,
Cosa posso dire a me stesso?
Quali parole usare?
Quando tutto sembra piacerci
E poi dal nulla la voglia scompare?
Dirgli che il futuro è speranza?
Quando tutto va così
A oltranza?
Anche il più radiante dei sorrisi
Se ne andrà via così,
In lontananza.
Anche il più degno dei prospetti
Dovrà dar conto agli spettri.
Anche il più bel riflesso
Si dissolverà negli specchi.
Non rimarrà niente, sarà il nulla,
Il silenzio alle spalle.

Li vedi quei corpi
Che galleggiano
In un mare di terra e macerie?
Sotterrati,
Come l'ultima loro speranza?
Li vedi quegli uomini legati,
Torturati, dilaniati?
Col nastro attorno alle braccia,
Gettati,
Come il più inutile degli oggetti?
Lo senti quel silenzio?
Che fa tremare gli occhi?
Le vedi quelle case distrutte?
Dove erano racchiusi
I sogni e i sacrifici
Di una vita?
Lo vedi quel tempo strozzato?
Fermato, inciso nel nulla?
Non resta che un ricordo e
Non restano che un po' di nuvole,
A coprire la luce.
Vorrei fosse un film.
Ma è Bucha.
O almeno quel che resta.

Me la ricordo la prima volta
Da innamorato
Mani tremanti, impanicato
Con lo stomaco frantumato
Tutto sudato.
Ho ricevuto sempre meno
Di quanto ho dato,
Ma non me ne rimpiango
Del tempo passato
Se poi vedo
Quello che sono diventato.
È quando inizi ad amare te stesso
Che puoi regalare all'altro,
Rilegare cicatrici, farle sanare
Smettere di sanguinare
E ritornare a sognare
Nel riflesso della tua luce
Che cerco di agguantare,
Di catturarla,
Mi basta anche solo guardarla
O ricordarla,
Vederla a sprazzi intervallati
Da un per sempre

Sangue disparso nelle strade
Passeggini abbandonati
Corpi mutilati
Non restano neanche le foglie
In cima agli alberi
Spogli
Sono volate via
Per scappare
Dall'orrore
Anziane signore arrancano
In una vita
Che già senza guerra
Non era delle migliori.
Ventri di cadaveri di madri
Freddi
Al sole
Sorrisi spazzati
Dal dolore

Nemmeno il vento soffia più
In avanti
Da quando non ci sei,
Nei paraggi dei miei occhi.
Anche il tempo ha destato
Il suo corso,
Si è voltato indietro
A cercarti,
Ad aspettarti.
Tanto che si è soffermato
Su vecchi ricordi,
Pur di non aspettarne di nuovi.
L'attesa dei prossimi è un'incognita,
Il ricordo dei vecchi reca malinconia.
E io sono qui, fermo,
In uno spazio senza tempo,
Immobile,
Riempito da sfocate immagini
E odore di ricordi dissolti,
Diluiti,
In una lacrima che scende.
Da quegli occhi.
Rimasti soli.

Correre, correre senza voltarti.
Senza mai fermarti,
O domandarti,
Se ciò che stai facendo
È davvero quello che vuoi.
O se stai solo andando avanti
Perché non sai più destarti.
Fermo nell'andare dei giorni
Che passano.
Così veloci.
Da non riuscire nemmeno e vederli.
Sconfinato in un silenzio
Che stride da ogni lato.
Perso.
In domande, pensieri,
Che non sai nemmeno più domare.
Il tempo inizia a farsi grande
E io non l'ho nemmeno visto crescere.
Vorrei essere una goccia
Che scivola su un vetro,
Dopo una tempesta.

Mi guardi?
Fissami.
Ho qualcosa che non va?
Ho gli occhi che fingono,
Mascherati da mare.
Mascherati da stelle.
Mascherati da luna.
Ma dentro ho il buio
Che non maschero,
Almeno a me stesso.
Ho tentato di farlo con luci,
Riflesse,
Di altri occhi
Che non erano i miei.
Ho perso immagini
Nelle ombre
Che mi son creato
E che ho continuato
A non definire.

Non ci sei e
Si fredda subito anche il fuoco.
Si nasconde il sole
Per la vergogna.
La pioggia si fa più pesante.
Schiarisce i dipinti
Dei nostri ricordi,
Che avevamo appeso
Sul muro,
Dei nostri occhi.
Ormai son caduti,
Già ammuffiti.
Si fa spazio un raggio di sole
Ma non è altro che un monito,
Di quel che sarà.
È troppo lontano
Per poterlo cogliere
Nel massimo del suo splendore.
Il cielo si richiude
E cerco di accoccolarmi
Su nuvole bianche,
Disegnando,
I tuoi tratti,
Scalfiti con una matita
Appuntita nel mio cuore.
E può scapparci un sorriso,
A tratti.

Mi chiedi come sto.
I miei occhi,
Non sono abbastanza limpidi
Per poter vedere a fondo?
Sono ormai un fiume prosciugato,
Arido e secco,
Che aspetta un diluvio.
Sono un aquilone,
Senza filo,
Che tende al cielo.
Sono quelle parole urlate al vento,
Sperando potessero prendere vita,
Tra un soffio e l'altro,
Tra una aria gelida e una calda.
Sono il nulla alle spalle,
Il gelo di un proposito svanito,
Il silenzio di un momento finito.
Sono il suono di un tuono,
Un insulso frastuono,
Sono ciò che non sono.

Dammi solo un minuto,
Che sia eterno,
Per riempire
I miei spazi,
Stracolmi di vuoto,
Privi di forma.
Essenza del nulla.
Provo a definirli,
A dargli un'immagine
Proiettata su una tela
Sgualcita.
Chiederei qualcuna in prestito
Pur di mostrare un'immagine
Limpida,
Chiara,
Di quel che sono,
Che ho paura di vedere.
Di scoprire.
Continuo a proiettarmi
In quei spazi vuoti,
Per far sì che la mia immagine,
Non sia riflessa.

Abisso profondo, senza riflesso
Né del futuro, né di una vana speranza.
Una luce si affievolisce, in lontananza,
Nemmeno più l'ombra di te stesso resta,
Stufata di dar spiegazioni.
Umiliata dalle mille finzioni.
Si vedono i segni di bugie nascoste,
Tenute dentro, custodite, in cassaforte.
Fiori, ormai, di radici morte.
L'acqua che giova
Non sono altro che lacrime.
Cadono battenti, sugli eventi,
Su tutti gli intenti.
Fari, ormai spenti
Secondi, che scorrono lenti.
Ho dato tutto pur di cercarmi
E sono finito per perdermi.
Nelle mie stesse mani
Nei miei stessi mari
Nei miei stessi mali.
Mi sono perso
E non ho più voglia di ritrovarmi.
Voglio essere una foglia
Che fluttua, in balia del vento.
Voglio vivere
Solo con ciò che sento.

E siamo così soli sul mondo.
Anime alleggerite, ingiallite
In un nulla fuggitivo
Che si è fatto spazio
Nelle fughe che gli abbiamo ceduto
Nelle illusioni a cui abbiamo creduto
Nei bicchieri che abbiamo bevuto.
Che servivano a colmare
Ma è come buttare un pugno di sale
In una distesa di mare
Convinti di poterlo salare
O tentare di addolcirlo
Per avere un buon gusto nell'affogare.
Ma è una lotta alla finzione,
Tentare di renderci invidiabili.
Ci hanno dato una dura punizione
Che è quella di essere labili
Di correre tutti verso la morte
Verso l'annullamento.
Tanto vale vivere il momento
Tanto l'amore sarà eterno

Arriveremo mai ai nostri obiettivi?
Quanta strada si deve ancora percorrere?
E quanti altri interrogativi?
E quante lacrime dovranno scorrere?
Mi resta lo sguardo alto
A immaginare il traguardo
Di una linea immaginaria
Tracciata fra una stella e l'altra.
Dipingo la forma dei miei sogni
Ma il cielo non basta.
Smusso i bordi delle mie paure
Così che non possano far male.
Metto in ordine lettere
Di parole non dette.
Tenute strette.
Nuvole, di ansie maledette
Coprono il quadro,
Di una tela mai esposta,
Tenuta nascosta,
Chiusa in me, custodita.
Ritento di ritracciar tutto con le dita.
Ma è solo uno sfondo nero,
Paesaggio del mondo intero.

Un orologio dissolto, colante sulla morte,
Sciolto. Sfidare la sorte
Come utopico obiettivo,
Valore assoluto allusivo
Di un secondo illusivo.
Come tremo quando la morte mi tocca.
Resto inerme, paraplegico.
Il respiro si mutila, si smorza.
Resto privo, di forza.
Immagini dal nulla il buio?
Lasciare chi ami?
Volare nel nulla?
Ho paura, di morire come non voglio,
Di aver dato non quanto avessi voluto,
Di restare solo con il tempo perduto,
Nel nero placido dell'assoluto.
Svanisce ogni proposito
A cui avevi creduto.
Non c'è un oltre
Lo diciamo solo per colorare la morte.
Non ci sarà più amore, vero valore.
Non ci sarà nemmeno più dolore,
Né rintocco di cuore.
Sarà un niente. E io non sono pronto.
Ho tanto ancora da dare.
Ho tanto ancora da sbagliare.
Devo racimolare ancora molte scorte,
Prima che arrivi la morte.

Se il libro TI E' PIACIUTO regalaci una recensione a 5 stelle, a te costa poco ma per chi scrive e pubblica un libro vuol dire molto. Consiglialo ai tuoi amici, regalalo e fallo conoscere, **donerai alle persone le parole che in quel momento vogliono sentire.**

Se il libro non ti è piaciuto, non lasciare recensioni negative ma scrivi all'editore cosa non ti è piaciuto e perché, ci aiuterai a migliorare, per cercare di darti sempre il meglio, e inoltre aiuterai l'autore a crescere.

Il mondo cambia grazie a piccoli gesti.

Diventa parte fondamentale insieme a noi di questo grande cambiamento!

Jacopo Lupi Editore

Mail

lupijacopo@gmail.com

Whatsapp

3452294411